14 avril 1864.

Vte de Mr De St Seine
catalogue a Mr Beurdeley

OBJETS D'ART

ET

DE HAUTE CURIOSITÉ

EXPOSITION LE MERCREDI 13

Vente les Jeudi 14 et Vendredi 15 Avril

1864

Me Ch. PILLET, Commissaire-Priseur

M. ROUSSEL | **M. Ch. MANNHEIM**

EXPERTS

PARIS. IMPRIMERIE DE PILLET FILS AINÉ
5, RUE DES GRANDS-AUGUSTINS.

OBJETS D'ART

ET

DE HAUTE CURIOSITÉ

Faïences italiennes.
Terres de Palissy. Verres de Venise.
Peinture précieuse sur lapis.
Émaux de Pénicaud et P. Rexmond. Bijoux et Camées des XVIe et XVIIe siècles. Orfévrerie.
Objets divers.
Armes du XVIe siècle.
Très-beau Bouclier. Beaux Heaumes. Belles Épées. Dagues.
Arbalètes. Carabines. Pistolets. Muselière, etc.
Chinoiseries. Beau Vase cloisonné. Porcelaines.
Faïences françaises.
Meubles en bois sculpté et doré des époques Louis XIV et Louis XV.

DONT LA VENTE AUX ENCHÈRES PUBLIQUES AURA LIEU

HOTEL DROUOT

SALLE N° 3,

Les Jeudi 14 et Vendredi 15 Avril 1864

A DEUX HEURES

Par le ministère de Me **CHARLES PILLET,** Commissaire-Priseur
rue de Choiseul, 11,

Assisté de M. **ROUSSEL,** Expert, rue Rochechouart, 48,

Et de M. CHARLES **MANNHEIM,** Expert, rue de la Paix, 10,

Chez lesquels se distribue le présent Catalogue.

EXPOSITION PUBLIQUE

Le Mercredi 13 Avril 1864, de une heure à cinq heures.

Ce Catalogue se trouve :

Chez MM.

A Paris,	Charles PILLET, Comm^re-Priseur, rue de Choiseul, 11.
»	ROUSSEL, Expert, rue Rochechouart, 48.
»	MANNHEIM, rue de la Paix, 10.
A Londres,	H. DURLACHER, New-Bond street, 113.
A Bruxelles,	ÉTIENNE LEROY, place du Grand-Sablon, 12

CONDITIONS DE LA VENTE

Au comptant.

Cinq pour cent, en sus des adjudications, applicables aux frais.

Paris. — Imprimerie de PILLET fils aîné, rue des Grands-Augustins, 5.

DÉSIGNATION

DES OBJETS

Faïences italiennes

1 — Aiguière des premiers temps du XVIe siècle et de la plus ancienne fabrication de Faenza.

Forme du XVe; sur le col fond jaune et la panse fond bleu lapis, sous un émail brillant, sont tracés des enroulements entremêlés de têtes d'ange, d'enfants, de dauphins, de couronnes et de corselets d'armes. Sur le devant, entourés d'une bande de lauriers, deux blasons : l'un timbré de deux fleurs de lis, l'autre de lion d'or sur trois roses.

Cette pièce importante et des plus rares, est d'une parfaite conservation.

2 — Plat creux à larges bords. Au centre sur fond jaune et sur les bords fond bleu, mêmes couleurs, même

émail, se trouvent les mêmes ornements, de beau style, décrits en la pièce précédente.

Allant ensemble, même fabrication.

3 — Coupe basse sur piédouche à bosselages. Bords festonnés. Sur l'évasement fond bleu, des ornements à têtes de dauphins. Au centre sur fond jaune un messager d'amour. Même fabrique.

4 — Coupe haute sur piédouche. Au centre, les Bretons subjugués s'inclinent devant César. Sur les bords, comme au revers, est une jolie frise d'ornements fantastiques. La base bien décorée. Travail d'Horatio Fontana. Diam. 24 cent. Fabrique d'Urbino.

Collection Debruge.

5 — Coupe haute sur piédouche, appareillant avec la précédente. Au centre, la soumission des Merap à César. Les bords comme au revers ornés d'une semblable frise plus jolie encore. Même base, même travail, même diam., même fabrique.

Collection Debruge.

6 — Grand plat à ombilic, riche décor, à quatre médaillons entremêlés d'ornements fantastiques. Urbino.

7 — Ecuelle et son couvercle, jolie de forme. Au fond une madone. Décor fantastique. Urbino.

Collection Debruge.

Terres de Palissy

8 — Plat ovale dit aux cornes d'abondance. Harmonieux de couleurs, beau de tons et d'émail. 33 cent. sur 25.

Collection B[on] d'Ivry.

9 — Autre du même genre.

Collection Debruge.

10 — Petit plat ovale découpé à jour. Charmant de tons, avec ses blancs et ses bleus, et beau d'émail.

Collection Préaux.

11 — Salière dont la panse est formée de chimères à ailes éployées et de mascarons découpés à jour. Bon émail. Exemplaire qui, avec la paire de la vente Soltykoff, est le seul connu de ce genre.

Verres de Venise

12 — Coupe basse sur piédouche; au centre, imbrication d'or émaillé de blancs, bordure d'or émaillée de couleurs. Filet bleu en dessous.

13 — Coupe basse à godrons, jolie bordure à filets bleus émaillée d'un cordon enroulé d'or et de blanc.

14 — Vase sur balustre avec couvercle, panse à pointes repoussées.

15 — Vase sur piédouche avec couvercle, panse à nervures dorées.

16 — Écuelle à anse en craquelé, bords à filet bleu.

17 — Deux petites écuelles en craquelé, bords bleus; au centre boule de même.

18 — Gobelet en verre bleu jaspé de diverses couleurs. Bords refermés.

19 — Autre sur balustre. Bords à filets bleus resserrés.

Peinture sur lapis lazuli

20 — Mariage mystique de sainte Catherine, sur lapis lazuli.

Cette gracieuse composition, qui porte au revers un monogramme célèbre, auquel on ne doit pas attenter légèrement, si elle n'est pas de Raphaël est de son temps, de son école, et certainement l'œuvre d'un maître.

La bordure, sculptée sur bois, avec ses cuirs enroulés et ses fleurons si fins d'exécution, avec sa dorure du temps, mérite aussi attention.

Emaux

21 — Plaque de Louis Pénicaud III. Persée coupant la tête de Méduse. Composition d'un beau dessin, d'un grand style, d'un très-beau faire; où la disposition des figures alternées en clair sur les fonds, est d'un très-bel effet. De la meilleure façon de cet émailleur.

22 — Plaque de forme cintrée par le haut, provenant vraisemblablement d'un baiser de paix. La Vierge et l'enfant Jésus sous un arceau de style ogival. Peinture en émaux de couleurs avec rehauts sur paillon imitant les pierres précieuses que nous attribuons à Jean Pénicaud l'ancien. Encadrement de cuivre doré à fleurons en relief. Larg. 78 millim.; haut. 110 millim.

23 — Plaque de forme carré-long. Peinture en grisaille, chaires légèrement teintées et rehauts d'or. L'enlèvement d'Hélène; nous attribuons cette pièce à Pierre Rexmond. Long. 185 millim.; haut. 104 mil.

24 — Médaillon rond. Portrait de LOVIS. XIII. ROY. DE. FRANCE. ET NA. Peinture en émaux de couleurs et sur paillon rehaussé d'or. Diam. 63 millim.

25 — Miroir octogone monté en cuivre ciselé; une des faces est ornée d'une peinture en émaux de couleurs sur paillons; l'autre est garnie d'une glace biseautée.

26 — Petite plaque : saint Jean, de Jean Limosin.

27 — Grand plat émail de Venise à godrons contrariés. Collection B[on] d'Ivry.

Bijoux, Camées et Miniatures

28 — Plaque de chapeau, de forme ronde, en or repoussé et ciselé, enrichie d'émaux de couleurs. Elle représente un cavalier combattant un lion. Travail italien du commencement du XVIe siècle.

29 — Bijou du XVIe siècle, en forme d'autruche, en or émaillé, enrichi de pierres diverses et de perles fines. Il est accompagné de sa chaîne de suspension de même travail.

30 — Autre bijou du XVIe siècle en forme de quenouille et de fuseau, en or émaillé avec double chaîne de suspension en perles fines. Collection Debruge.

31 — Médaillon rond en filigrane d'argent doré avec enroulement de feuillages, enrichi de deux jolies plaques niellées sur argent représentant : l'une la Vierge et l'enfant Jésus, l'autre saint Jean-Baptiste prêchant. Travail italien du XVIe siècle.

32 — Plaque ovale en or à émaux translucides. La Vierge et sainte Anne. Les têtes et les mains sont peintes en grisaille, les vêtements sont rehaussés d'émaux translucides rouges, bleus, verts, etc. Les figures se détachent sur un fond d'or gravé. Travail du XVIe siècle. Ce médaillon est placé dans une bordure Louis XIII, en argent ciselé à fleurons, enrichie de roses.

33 — Médaillon ovale, présentant sur une de ses faces le Christ en croix et les saintes Femmes et sur l'autre la mise au tombeau. Ces sujets sont en or émaillés et placés dans une bordure en or émaillé blanc et bleu turquoise.

34 — Autre médaillon en or émaillé; la Crèche; bordure en or enrichie de pendeloques en perles fines.

35 — Très-petit bijou du XVIe siècle. Figure du Christ mort, sur son suaire soutenu par deux figures d'anges et au-dessus duquel se trouve la figure de la Vierge.

36 — Tête de saint Jean, en or émaillé, placée au centre d'un bijou en agate orientale avec bordure en or

portant une inscription. Travail du commencement du XVIe siècle.

37 — Croix ouvrante en or émaillé du temps de Louis XIII; une de ses faces est ornée de petites plaques en lapis lazuli, l'autre est décorée de fleurs et feuillages émaillés en couleurs sur fond blanc.

38 — Médaillon ouvrant, portant sur une de ses faces une tête de mort émaillée blanc sur fond bleu clair; l'autre face est enrichie d'ornements repercés à jour à feuillages émaillés en couleurs sur fond noir. Pendeloque formée par un rubis cabochon. Epoque Louis XIII.

39 — Très-petit bijou en or émaillé formant applique; amour ailé se terminant par deux queues de poisson. Il est enrichi de pierres fines et d'une pendeloque en perle. XVIe siècle.

40 — Autre très-petit bijou en or émaillé enrichi de pierres fines et d'une pendeloque en perles; il représente un triton tenant une palme. XVIe siècle.

41 — Le Christ en croix et les saintes femmes; bijou à deux faces en or émaillé placé dans un médaillon en argent. XVIe siècle.

42 — L'Enfant Jésus et Saint Jean; médaillon en or repoussé et émaillé, placé dans un bijou en or ciselé enrichi d'émeraudes.

43 — Jolie bague du XVIe siècle, en or ciselé à enroulements et enrichie d'un diamant table brun.

44 — Autre bague du XVIe siècle, en or ciselé et émaillé ; le chaton ovale est orné d'un grenat cabochon.

45 — Bague ornée d'un saphir cabochon, en forme de cœur monté en or avec rosaces repercées à jour. XVe siècle.

46 — Bague double, en or émaillé noir et blanc, enrichie d'une turquoise et d'un grenat.

47 — Bague ornée d'une tête de mort en or émaillé blanc et enrichie de diamants et roses.

48 — Autre bague en or, avec tête de mort émaillée blanc et enrichie de roses.

49 — Bague en or émaillé blanc et noir enrichie d'un grenat.

50 — Bague en or enrichie d'une intaille : Romulus et Rémus allaités par la louve.

51 — Autre bague, ornée d'une cornaline à deux couches, portant en relief divers attributs de la comédie.

52 — Anneau de boucle en or, enrichi de six grenats cabochons et portanl une inscription gravée. XVe siècle.

53 — Deux pendants d'oreilles, en forme de dragons, en or. émaillés blanc et noir avec pendeloques en perles fines.

54 — Deux boucles d'oreilles en filigrane d'or émaillé blanc et noir.

55 — Cassolette en cristal de roche taillé à cuvette, montée en or émaillé. Epoque Louis XIII.

56 — Montre en forme de tulipe en argent gravé à figures et ornements; le cadran porte divers personnages et ornements finement gravés. Travail de la fin du XVIe siècle.

57 — Cuvette de montre en or émaillé; le fond est orné de personnages finement peints; le pourtour et l'intérieur sont décorés de paysages. Elle est signée : *Huaud le puisné.*

58 — Reliquaire en forme de lanterne contenant divers sujets saints en bois sculpté et repercé à jour; monture à colonnettes en or émaillé.

59 — Médaillon formé de deux peintures très-fines sur cristal de roche; l'une d'elles représente la Flagellation, l'autre le portement de Croix. Monture en or. Travail vénitien du XVIe siècle.

60 — Deux médaillons de forme octogone enrichis de peintures sur cristal de roche représentant divers

sujets tirés de la vie du Christ; monture en argent. Mêmes travail et époque.

61 — Cassolette en fo me de montre, en argent émaillé enrichie de grenat; le fond présente un sujet en camaïeu rouge à deux figures d'amour et porte l'inscription : *Combat heureux.* Époque Louis XIII.

62 — Cassolette double, forme cœur, en agate montée en argent doré.

63 — Médaillon antique en or, contenant un joli camée sur agate à deux couches: buste de jeune homme, profil à droite.

64 — Bague tournante en or enrichie d'une jolie intaille sur onyx oriental à deux couches : Hercule debout terrassant le Centaure. — Collection Soret.

65 — Agate orientale à deux couches : Tête laurée, profil à droite. Montée en or.

66 — Calcédoine à deux couches. Buste de femme monté sur bague en or.

67 — Buste de femme, profil à gauche, avec riche costume du XVIe siècle. Camée sur coquille monté en bague en argent.

68 — Camée ovale sur coquille à deux couches, signé : *Bagliani :* Marche de guerriers et cavaliers.

69 — Joli petit médaillon en ivoire sculpté : la Flagellation.

70 — Manche de couteau en argent gravé à figures et ornements. XVIe siècle.

71 — Deux manches de couteaux en ivoire et ambre avec figures et inscriptions gravées.

72 — Porte-crochets en or gravé à ornements et émaillés bleu. Travail du temps de Louis XVI.

73 — Couvercle de médaillon en or émaillé, du temps de Louis XIII ; sur une de ses faces il présente le sujet de la Crucifixion, sur l'autre des fleurs en couleurs sur fond bleu.

74 — Joli portrait d'homme du temps de Louis XIII, peint sur émail et signé *P. Boye*. Il est monté dans un médaillon en filigrane avec pendeloque de saphir.

75 — Portrait de femme du temps de Louis XIV, finement peint à l'huile sur argent; monture en filigrane d'argent enrichie de pierres diverses.

76 — Portrait d'homme peint à l'huile, dans une bordure en argent. Époque Louis XIII.

77 — Portrait de femme du temps de Louis XV, peint sur émail et monté dans un médaillon ovale en or enrichi de perles fines.

78 — Portrait du temps de Louis XIV, peint en miniature sur vélin.

79 — Portrait d'*Hortense Mancini*, finement peint en miniature sur ivoire; dans une jolie bordure en filigrane d'argent doré aux initiales HM.

80 — Joli portrait de femme, peint en miniature sur ivoire, signé *Hoortwyck* 1787; bordure en or à ornements émaillés blanc.

81 — Portrait de femme, peint en miniature sur ivoire, provenant d'une épingle. Époque Louis XV.

Orfèvrerie

82 — Grand vase à bosselages gravés, et ornements repoussés : supporté par une figure en argent. Sur le couvercle, façonné de même, un génie.

Collection Sommesson.

83 — Cannette à bosselages ciselés, et ornements repoussés.

Ce vase, d'un bon travail, d'un joli galbe et d'un bel effet, est orné d'une anse formée d'une cariatide, de gracieuse composition et accostée de fins détails.

Collection Sommesson.

Objets divers

84 — Grand et beau bassin en cuivre, chargé d'arabesques, riche d'aspect. Travail vénitien.

85 — Grand plat en cuivre doré, couvert d'une gravure à cartouches entremêlées de mascarons et enroulements; enrichi d'une nombreuse damasquine d'argent. Travail florentin.

86 — Brûloir avec son couvercle, à pilastres, ciselé et repercé à jour.

La veilleuse était en usage au XVIe siècle.

87 — Garniture d'écuyer tranchant. Présentoir à pâtisserie, couteau et fourchette à deux dents, parties dorées. Les manches en ambre ornés de rayures dorées et émaillées, ont leur pommeau incrusté et piqué d'ambre. XVIe siècle.

Collection Debruge.

88 — Coffret en velour vert de la fin du XVIe siècle, garniture en cuivre doré, lames terminées en fleurs de lys. L'anneau de la clef à charnières est finement découpé.

89 — Ivoire. Volet de diptyque en ivoire sculpté : La Vierge debout, tenant son divin Fils entre deux figures d'anges. Ce sujet est placé sous un arceau de style ogival au-dessus duquel se trouvent deux rosaces ornées de têtes en relief. xve siècle.

90 — Ivoire. Autre volet de diptyque, à sujet représentant l'Adoration des rois mages.

91 — Ivoire. Bas-relief de forme cintrée par le haut : Jason à la conquête de la Toison d'or. Travail du xviie siècle.

92 — Ivoire. Couteau à manche et fourreau en ivoire sculpté à figures et animaux en relief. Travail du xviie siècle.

93 — Ivoire. Petit groupe de guerriers à cheval. Travail du xviie siècle.

94 — Ivoire. Joli petit buste de Cérès en ivoire sculpté, enrichi d'un brillant. Il repose sur une gaîne en bois finement sculpté à guirlandes de fleurs.

95 — Bois. Deux médaillons finement sculptés sur bois, bustes d'homme et de femme. Au revers de l'un d'eux, se trouve l'inscription : CRISTIERVS. DEMMARCKT. REX. Sur l'autre : CA. MAXIMILIANVS. HAVSZ. FRAW.

96 — Bois. Peigne en bois sculpté à rosaces et ornements repercés à jour. Il porte l'inscription suivante : *Qui de bon cœur eyme, de bon cœur donne.* XVIe siècle.

97 — Ivoire. Six couteaux et six fourchettes à manches en ivoire sculpté représentant les douze Apôtres. XVIIe siècle.

98 — Bourse faite à l'occasion du mariage de Louis XV avec Marie Leczinska. Broderie d'un bel effet.

99 — Pièce de naissance. Usage allemand au XVIIe siècle.

100 — Médaille, Jean Hiltuer, très-fine.

101 — Pot en terre hispano-arabe.

102 — Salière Sèvres, jolie pâte tendre,

103 — Petite boîte de forme octogone en cuivre doré ciselé à ornements et émaillée de noir, bleu et blanc. Époque Louis XIII.

104 — Médaillon orné de deux miniatures sur vélin; l'Adoration des rois Mages et la Présentation au Temple. Monture en argent. XVIe siècle.

105 — Médaille en bronze doré de Marie de Médicis.

106 — Râpe à tabac, en bronze doré, à figure en relief. Epoque Louis XIV.

107 — Coffret carré long sur quatre griffes de lion en bronze ciselé, orné sur toutes ses faces de centaures, bustes, amours, têtes de Méduse et autres ornements. XVIe siècle avancé.

108 — Vase à couvercle en marbre blanc veiné; de chaque côté se trouvent deux mascarons en relief. XVIe siècle

109 — Surbasse de lit, brodée en soie, fond gris perle à rinceaux et ramages bleus. Travail au crochet.

Armes

110 — Très-beau bouclier en fer repoussé et ciselé, d'une riche composition. Travail milanais de la seconde moitié du XVIe siècle.

Dans le centre au milieu d'un paysage où sont épars des attributs guerriers, est représenté le jugement de Pâris. Des amours voltigent autour des trois déesses. Diam. 59 cent. D'une excellente conservation.

111 — Très-beau heaume italien du XVIe siècle, riche d'ornements gravés en épaisseur, les fonds dorés, en partie conservés.

On y trouve cette devise répétée sur les bordures : *Spes mea dat vires. non timebo quoniam;* et dans les ornements un monogramme formé du *phi* et du *chi* grecs entrelacés, d'où cette pièce pourrait n'avoir pas été étrangère à Philippe II roi d'Espagne.

Collection Sommesson.

112 — Très-beau heaume italien de la fin du XVIe siècle, à fonds clairs, portant une crête dentelée; orné de bandes repoussées gravées et en partie dorées. Bonne tournure, parfait état de conservation.

113 — Autre heaume, magnifique de forme, et fort beau d'aspect.

114 — Épée de cérémonie à haute et large lame. Le pommeau et la barrette chargés d'une damasquine d'argent dite à la tauchie.

115 — Épée à branches doubles et demi-coquilles repercées à jour; ainsi que le pommeau couvertes de damasquines d'argent.

Même procédé. Pièce de belle tournure.

116 — Épée à branches fines, couvertes de damasquines d'argent, même procédé; pièce élégante de forme, joli aspect.

117 — Épée à branches, fer noir; ornée de damasquines d'argent; pièce d'un bon aspect.

118 — Épée branches plates à chaînettes en fer gris ciselé, le pommeau sur ses faces, offrant comme les autres parties de la garde des médaillons à combats de cavaliers. Travail allemand.

119 — Épée branches plates en fer noir ciselé, le pommeau au pourtour et la garde au restant, présentant piétons et cavaliers. Travail allemand.

120 — Epée, garde en fer noir, le pommeau et les boutons des quillons assez finement ciselés.

121 — Épée à coquille, italienne, repercée à jour, portant comme au pommeau fleurs et mascarons; les branches à perles allongées.

122 — Épée à coquille, italienne, repercée à jour, portant entourés de lauriers quatre médaillons de guerriers et empereurs.

123 — Épée à coquille, espagnole, en fer ciselé, repercée à jour; quatre médaillons réservés au milieu des fleurons. Collection Irrisson.

124 — Dague espagnole, de main gauche, à garde plate, ornée de gravures. Bonne lame.

125 — Langue de bœuf. La poignée en ivoire garnie de ses œillets à jour et de ses bordures en cuivre ciselé doré. Le quillon finement gravé. La lame à cuvelons gravée au talon, de belle longueur, et assez conservée.

126 — Dague espagnole, main gauche, garde en pointe repercée à jour; bonne vieille lame, fusée ancienne et coricole.

127 — Dague main gauche, garde en pointe, à jour. Jolie lame.

128 — Petite main gauche, garde en pointe à jour, quillons fins, lame forte à jour.

129 — Arbalète allemande monture en ébène incrustée d'ivoire à sujets gravés : ornée d'un renfort en cuivre finement ciselé et doré. Accompagnée de son crannequin. Gravé à l'eau-forte.

130 Petite arbalète de dame, en ébène et ivoire gravée de sujets indiquant la fin du XVIe siècle.

131 — Carabine à rouet de la fin du XVIe siècle. Platine et canon unis. La monture en poirier est recouverte

de sujets de chasse finement sculptés en relief. Travail français.

132 — Joli petit pied de biche. La platine et le canon gravés. La monture très-richement incrustée de sujets en ivoire et en nacre.

133 — Fusil de chasse à double canon. La platine, la plaque de la crosse et la sous-garde, finement ciselées et repercées; la crosse à brisure. On y voit Lazarino Cominazzo. Pièce rare.

134 — Deux pistolets à rouet de la fin du XVIe siècle. La platine et le canon finement gravés à l'eau-forte, avec traces de dorure. La monture en poirier noirci incrustée de sujets de chasse en nacre et ivoire.

135 — Paire de pistolets à double canon : batterie, sous-garde, crosse, capucines très-finement ciselées; le canon cannelé portant : Gio. Bat. Francino.

136 — Autre paire de pistolets plus petite; batterie, sous-garde, crosse, capucines, et canon traités comme ci-dessus. Portant Lazarino.

137 — Hallebarde dont le fer portant au centre les armes de Saxe, est très-finement découpé à pointes; hampe du XVIIe siècle.

138 — Pertuisanne élégante de forme, haute de pointe, enrichie de fines gravures et aux armes de Saxe. Jolie pièce, XVIIe siècle.

139 — Hallebarde gravée à l'eau-forte, avec des restes de dorure aux armes de Hanovre. Couronne ducale. Les ailerons étendus, gland du temps, hampe ancienne.

140 — Autre hallebarde allemande gravée à l'eau-forte. Hampe ancienne.

141 — Masse d'armes en fer ciselé des premiers temps du XVIe siècle, les ailerons découpés à pointes et repercés à jour. Sur la hampe deux écussons. Belle pièce, rare.

Collection Sommesson.

142 — Muselière en fer battu découpé à jour. Portant en inscription le nom du maître et la date de 1557.

143 — Poudrière en acier cannelée et ciselée, portant en relief un écusson fort joliment découpé, surmonté d'une couronne à fleurs de lys. Travail italien.

144 — Autre poudrière recouverte de velours, ornée de sujets découpés et appliqués en cuivre ciselé et doré. Travail français.

145 — Paire d'éperons, ornés d'une damasquine allemande en argent.

146 — Paire d'éperons en acier, ciselés, découpés à jour, avec toute leur garniture. Travail italien.

147 — Paire de gantelets en maille.

148 — Petite dague en fer ciselé à fleurs et ornements.

149 — Petite trousse en peau de chagrin, garnie d'ornements en cuivre argenté, contenant deux couteaux à manches de nacre et acier ciselé et doré.

150 — Très-belle garde d'épée du temps de Louis XV, en acier ciselé en relief, à figures, dauphins, fleurs, etc., et fond damasquiné d'or.

151 — Autre garde d'épée à bustes et ornements en relief et damasquinée d'or.

152 — Autre garde d'épée à figures de cavaliers en relief.

153 — Deux pièces : pommeau d'épée à ornements ciselés et dorés, et pomme de canne à figures en relief.

154 — Couteau de chasse à manche en ivoire sculpté à figures et animaux.

155 — Grand canif en fer gravé et doré, avec manche en ivoire sculpté.

156 — Yatagan turc; bonne lame dans un fourreau en argent repoussé et ciselé du plus riche aspect.

157 — Sabre turc à lame courbe en damas, poignée en morse garnie en fer à ornements et fleurs damasquinées en or. Le fourreau garni de même est en cuir gaufré.

Chinoiseries

158 — Beau vase en émail cloisonné du Japon. Le col ouvert, la panse resserrée, de forme élégante pour ce genre d'objets; belles garnitures. Les bleus de nuances variées; avec le rouge, le blanc et le vert des fleurons, lui donnent de la distinction.

Collection Debruge. Hauteur : 33 cent.

159 — Vase forme balustre, émail cloisonné fort ancien, assez conservé. Sur le couvercle, le lion de Fô en bronze ciselé.

160 — Belle bouteille en céladon bleu turquoise, forme gourde, finement gravée à la pointe; joli émail, vieux chine.

161 — Plat vieux, vieux chine. Paix aux Mings. Au centre,

une chimère entourée de tracés fantastiques. Sur les bords, une bande riche d'émail.

162 — Assiette creuse, coquille d'œuf. Mandarine et enfants. Revers haricot.

163 — Autre du même genre.

164 — Assiette mi-creuse, coquille d'œuf. Coqs et papillon. Revers blanc.

165 — Autre semblable.

166 — Deux salières, vieux chine.

167 — Une seule à fleurs, joli émail.

168 — Deux poussahs en violet.

169 — Pot à poudre laque d'or, fond aventuriné.

170 — Jongleurs dos à dos, ventre à ventre. Bronze chinois. Masques dorés épais.

Faïences françaises

171 — Plat de Rouen, chargé de bouquets de fleurs, de joli aspect.

172 — Plat creux bien découpé, jolie bordure, bouquet au centre. Moustiers.

173 — Autre moins grand. Id.

174 — Trois assiettes, oiseaux, fleurs. Id.

175 — Porte-burette à dessins bleus, mascarons aux bouts. Id.

176 — Écuelle à goulot, sur piédouche, et son plateau à bord festonné. Nevers.

177 — Encrier à compartiments, décor bleu sur blanc. Ancien Rouen.

178 — Beau bassin à bords chantournés, décor Bérin bleu sur blanc. Id.

179 — Beau plat rond, bleu sur blanc; au centre double armoirie couronnée de duc. Ancien Rouen.

180 — Plat octogone, au centre écusson couronné de m^is^. ustiers.

181 — Plat creux ovale, à bords ondulés; au centre l'écusson de madame de Pompadour. Id.

182 — Plat rond, au centre deux écussons couronnés de c^te^. Id.

183 — Deux jolies assiettes octogones, décorées de fleurs, oiseaux, poissons. Faïence de Delpft.

184 — Deux autres, festonnées; au centre double écusson allemand. Niederwiller.

185 — Une autre, au centre un écusson écartelé couronné de c^te^. Marseille.

186 — Sceau cylindrique, orné de fleurs et de fruits; paysage et marine. Fabrique de Marseille.

187 — Vase à couvercle sur trois pieds, décoré de sujets en camaïeu vert; les anses faits de sarrements. Fabrique de Savy.

188 — Plat ovale, à bords contournés et dorés. Marine et personnages en camaïeu vert. Id.

189 — Plat allongé octogone, décors Bérin. Moustiers.

190 — Plat oval contourné, décors Bérin. Id.

191 — Deux plats bords festonnés, dentelés à pointes, décors Bérin, beau bleu, bel émail. Id.

192 — Petit plat, bords contournés. Bérin. Id.

193 — Plat à bords festonnés, décors grotesques, fleurs, papillons en vert. Id.

194 — Jolie cruche en faïence, à décors de fleurs et oiseaux, avec monture en vermeil enrichie d'une médaille de Jean, électeur de Trèves.

Meubles

195 — Très-beau canapé, en bois sculpté et doré, époque Louis XIV, garni en belle étoffe de soie rouge ponceau damassée, avec sa housse.

196 — Huit fauteuils, en bois sculpté et doré, de même époque et garnis en même étoffe.

Ces meubles dont la sculpture est ancienne sont dorés et garnis nouvellement et de la plus grande fraîcheur. Avec les housses.

197 — Deux grands fauteuils confortables, garnis en étoffe de soie damassée rouge ponceau; avec les housses.

198 — Deux autres confortables, moins grands, garnis en même étoffe et de la plus grande fraîcheur. Avec les housses.

199 — Six chaises légères, en bois doré, garnies en satin broché de Chine. Avec les housses.

200 — Très-belle console ancienne du temps de Louis XV, en bois sculpté et doré, d'une grande richesse d'ornementation, avec dessus en marbre portor: avec sa housse.

201 — Grande glace avec cadre riche, en bois sculpté et doré, du même travail que la console. Le tout d'une grande fraîcheur et en bon état.

202 — Sous ce numéro les objets omis.

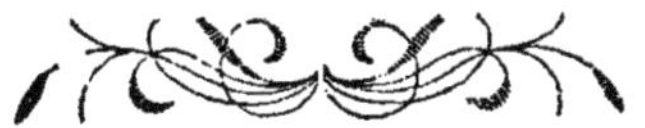

www.ingramcontent.com/pod-product-compliance
Ingram Content Group UK Ltd.
Pitfield, Milton Keynes, MK11 3LW, UK
UKHW022154170726
13837UKWH00004B/1992